AF428242

We Are Still a Family
Seguimos Siendo Familia
Authors/Autoras
Claudia Maldonado
& Heidi Avalos
Illustrator/ilustradora
Marta Gavidia

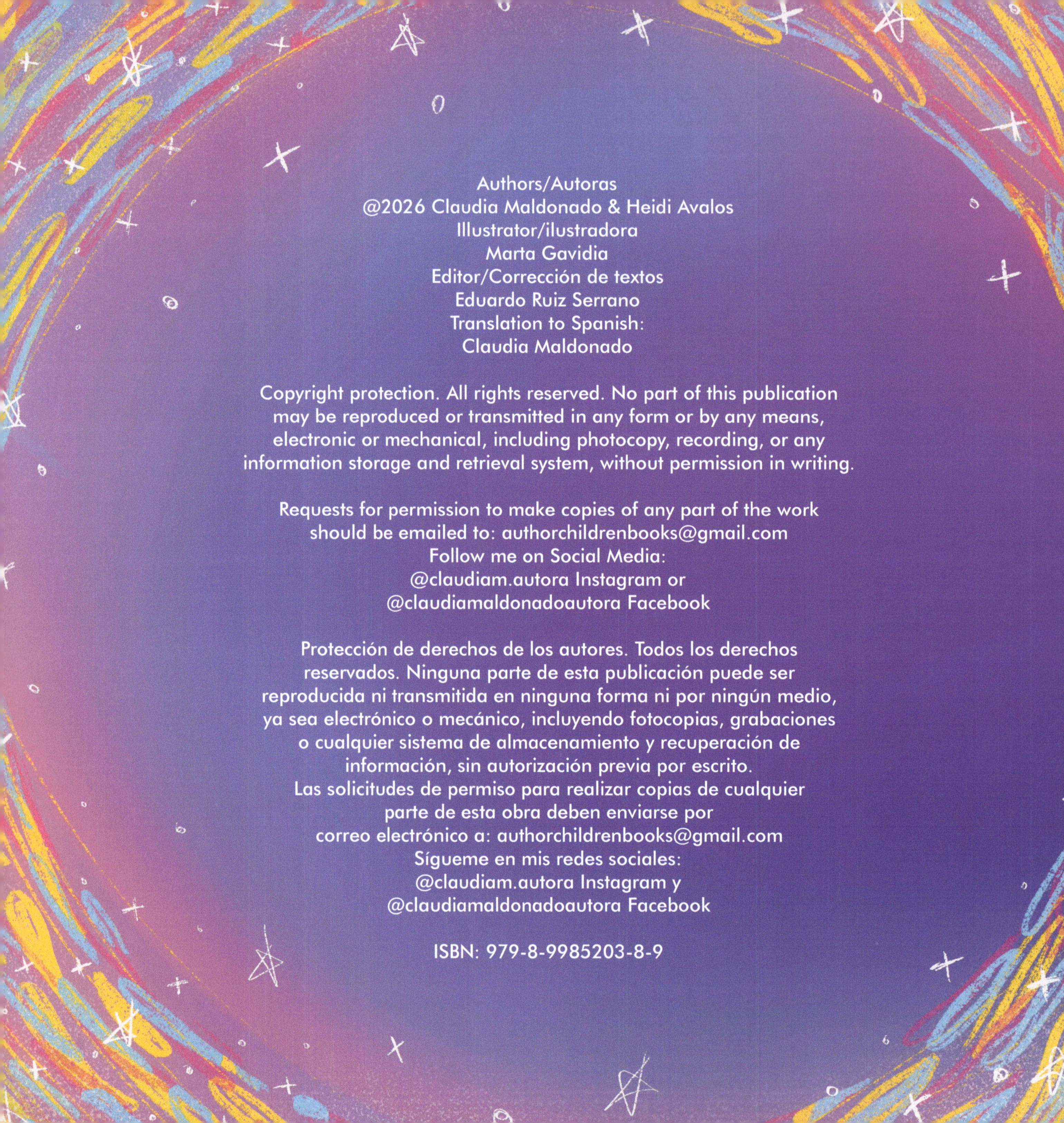

ISBN: 979-8-9985203-8-9

we Are Still a Family

Seguimos Siendo Familia

BOOM!
BOOM

Someone banged on our door. Mama's eyes grew wide in fear. Papa squeezed my hand tightly. His palm was sweaty.

Men in uniform barged in and spoke quickly. Their words sounded loud and cold as they told us to go with them. We didn't want to, but we did.

Alguien golpeó fuertemente nuestra puerta. Los ojos de mamá reflejaban mucho miedo. Papá apretó mi mano con su palma sudada.

Hombres uniformados irrumpieron en nuestra casa, hablaron de prisa. Sus palabras sonaban fuertes y frías mientras nos decían que fuéramos con ellos. Al principio no queríamos irnos con ellos pero al final cedimos.

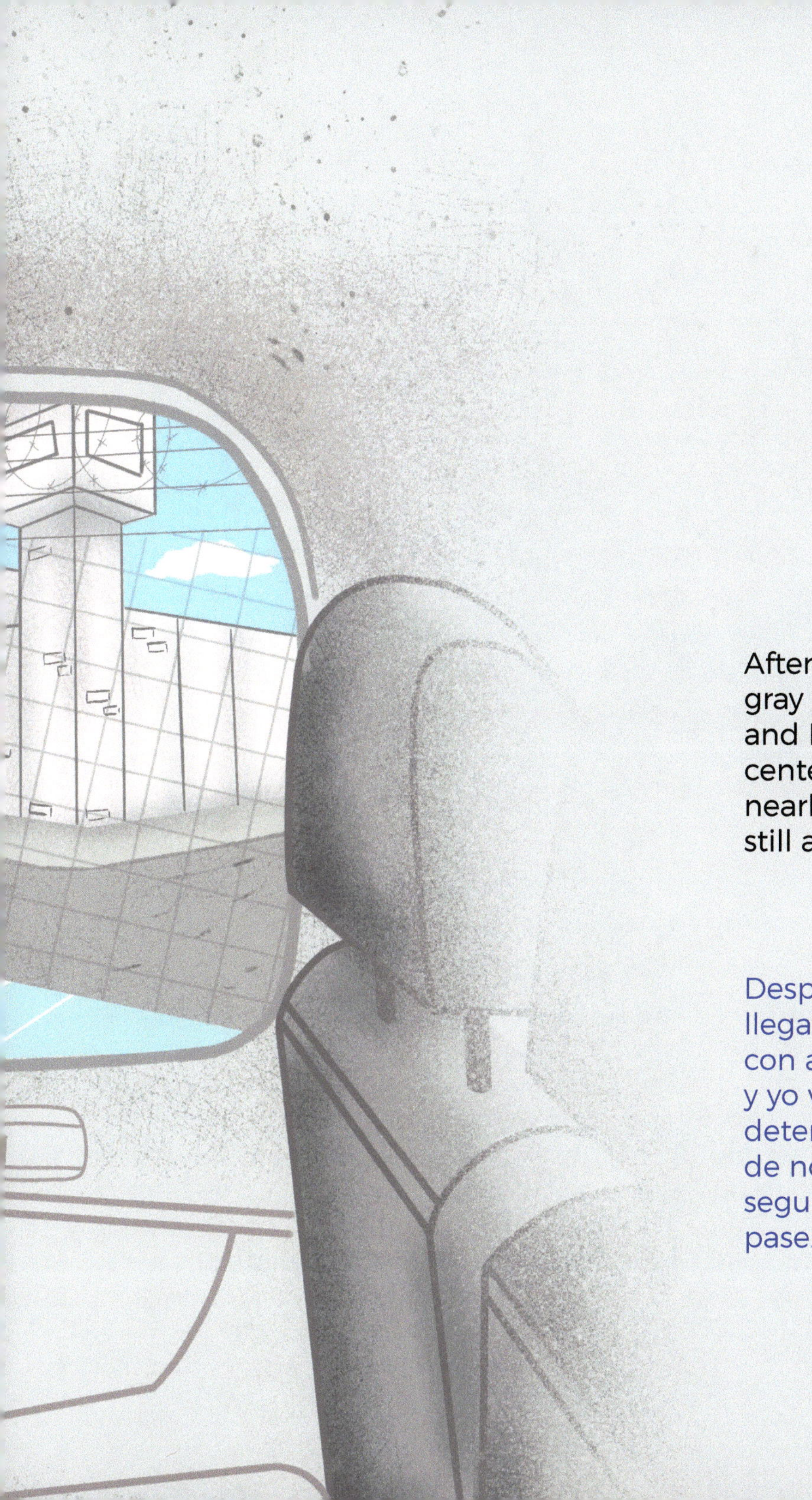

After the van ride, they took us to a big gray building with barbed wire. Mama and I live here now. It's called a detention center. Papa is in a different one, but it's nearby. Even though we're apart, we are still a family—no matter what.

Después de un largo viaje en camioneta llegamos a un edificio grande y gris con alambre de púas. Ahora mamá y yo vivimos aquí, se llama centro de detención. Papá está en otro centro cerca de nosotros. Aunque estemos separados, seguimos siendo una familia, pase lo que pase.

The room at the detention center has bright lights and no windows—similar to the auditorium at my school. Rows of bunk beds fill the space with mamas, boys, and girls, almost all of them brown-skinned like me. Some women have gray hair and gentle faces like abuelitas, while others sit alone on the floor.

Our eyes meet, full of questions:
What now? What next?

La habitación es un salón enorme, con grandes luces en el techo y no tiene ventanas, parecido al auditorio de mi escuela. Filas de literas llenan el espacio, con mamás, niños y niñas, casi todos de piel morena como la mía. Algunas mujeres tienen el cabello canoso y rostros tiernos como los de las abuelitas. Otras mujeres están solas y sentadas en el piso.

Nuestras miradas se cruzan y las interrogantes se dibujan en nuestros rostros, y llenos de dudas nos preguntamos:
¿Y ahora? ¿Qué sigue?

125
124
123

Mama and I are assigned to bunk bed number 123. I'm happy we got the bottom bunk. The top one looks so high, and it frightens me. But when Mama wraps her arms around me at night, I feel safe.

Some late evenings, I hear Mama cry softly. I hug her tightly and never let go. She misses Papa—just as I do. She gently strokes my hair while hugging me and whispers, "We're going to be okay, mi amor. No matter where we are, Papa and I will always love you."

I close my eyes. I believe her.

A mamá y a mí nos asignaron la litera número 123. Me alegra que nos tocara la litera de abajo; la de arriba se ve muy alta y siento miedo. Pero cuando mamá me envuelve con sus brazos por la noche me hace sentir segura.

Algunas veces escucho a mamá llorar en silencio. La abrazo fuerte y no la suelto. Creo que extraña a papá, tanto como yo. Ella acaricia suavemente mi cabello mientras me abraza y me susurra: «Te amo mucho, mi amor. Vamos a estar bien. No importa dónde estemos, papá y yo siempre te vamos a querer y proteger».

Cierro mis ojos. Le creo.

During the day, Mama waits in a long queue to speak to the people in uniforms. They ask her many questions, and she answers each one—She's tired, but she keeps talking. I sit nearby, swinging my legs and watching her face. Wow, so many questions—this is worse than taking a test! I think to myself.

I just hope answering their questions means we can go home. Most of all, I wish to see my Papa soon.

Durante el día, mamá espera en una larga fila para hablar con las personas uniformadas. Le hacen muchas preguntas y ella responde a cada una con su voz calmada pero cansada. Yo me siento cerca, columpiando mis piernas y observando su rostro. «¡Guau, tantas preguntas... Esto es peor que tomar un examen!», pienso.

Solo espero que responderles las preguntas signifique que pronto podamos irnos a casa. Pero, más que nada, deseo ver a papá.

When Mama has to wait in line, I sometimes stay behind our bunk bed with the other children. We sit close together, whispering stories or making up games. We pretend we're playing lotería with imaginary cards and beans.

'El diablito! Like my little brother who eats all the conchitas!' a boy yells. We all crack up laughing. We color with the broken crayons they give us, or lie down and end up falling asleep.

Cuando mamá tiene que esperar en fila, a veces me quedo detrás de nuestra litera con los otros niños. Nos sentamos juntos, susurrando cuentos o inventando juegos. Fingimos que jugamos a la lotería con cartas y frijoles invisibles.

«¡El diablito!... como mi hermanito que se come todas las conchitas!», grita un niño. Todos soltamos la carcajada. A veces coloreamos con las crayolas rotas que nos dan o terminamos durmiéndonos de aburrimiento.

But after a while, everything begins to feel the same. The days pass so slowly—like time has forgotten us.

When no one's looking, I stare up at the buzzing light and think about home. I miss my school, my teacher, my friends, my toys—even my homework. I wonder if my teacher and friends miss me too?

Después de un tiempo, todo empieza a sentirse igual, nada cambia. No hay nada nuevo que hacer, y esperar a mamá se siente como una eternidad. Los días pasan muy despacio, como si el tiempo se hubiese olvidado de nosotros.

Cuando nadie me ve, miro hacia la luz que zumba en el techo y pienso en mi casa. Extraño mi escuela, mi maestra, mis amigos, mis juguetes... hasta hacer mi tarea. ¿Será que mi maestra y amigos me extrañan también?

I remember breakfast on the porch—
Papa playing Vicente Fernández on the
radio, Mama stirring hot chocolate and
flipping the best cheese pupusas in the
world.

Recuerdo los desayunos en la terraza,
papá poniendo a Vicente Fernández en
la radio, mamá revolviendo el chocolate
caliente y cocinando las mejores
pupusas de queso del mundo.

Mama came from El Salvador. Papa and I are from Mexico. We crossed the border when I was just a baby. I don't remember the journey. But I do remember the feeling of being together.

Papa's laugh. Mama singing in the kitchen. All of us in one place, safe and warm.

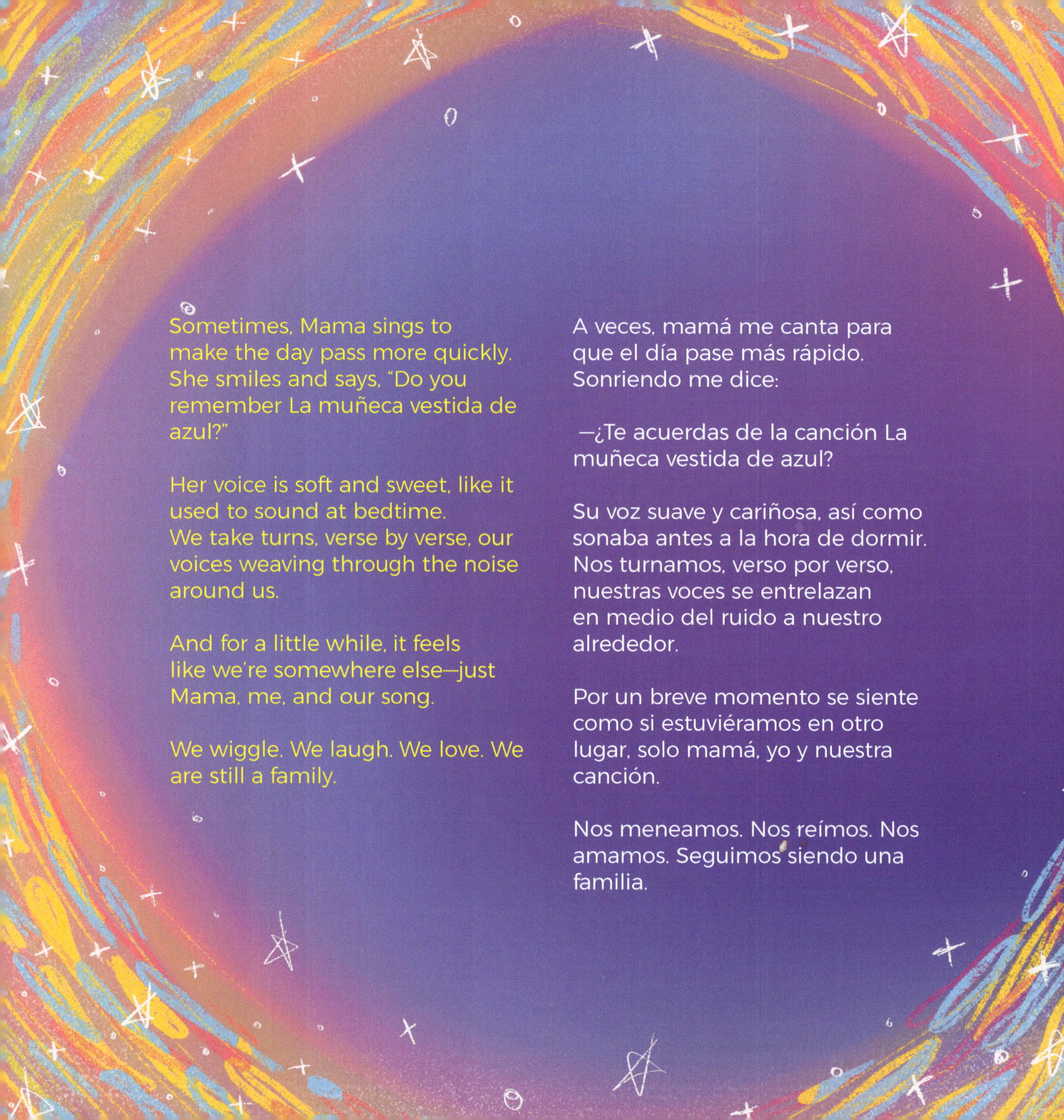

Sometimes, Mama sings to make the day pass more quickly. She smiles and says, "Do you remember La muñeca vestida de azul?"

Her voice is soft and sweet, like it used to sound at bedtime. We take turns, verse by verse, our voices weaving through the noise around us.

And for a little while, it feels like we're somewhere else—just Mama, me, and our song.

We wiggle. We laugh. We love. We are still a family.

A veces, mamá me canta para que el día pase más rápido. Sonriendo me dice:

—¿Te acuerdas de la canción La muñeca vestida de azul?

Su voz suave y cariñosa, así como sonaba antes a la hora de dormir. Nos turnamos, verso por verso, nuestras voces se entrelazan en medio del ruido a nuestro alrededor.

Por un breve momento se siente como si estuviéramos en otro lugar, solo mamá, yo y nuestra canción.

Nos meneamos. Nos reímos. Nos amamos. Seguimos siendo una familia.

Tengo una muñeca vestida de azul, zapatitos negros y medias de tul.

La saqué de paseo y se me enfermó, la tengo en la cama con mucho dolor.

Dos y dos son cuatro,
cuatro y dos son seis,
seis y dos son ocho,
y ocho dieciséis.

Salta la tablita,
yo ya la salté,
salta la tablita,
¡yo ya me cansé!

Some afternoons, we get to leave the big room with all the bunk beds. That's when I run to the fence with tiny holes and press my face close. The metal feels hot against my cheeks.

Algunas tardes nos dejan salir del gran salón donde se encuentran las literas. Es entonces cuando corro hacia una cerca que tiene pequeños agujeros. Siento el metal tibio en mis mejillas.

On the other side, Papa is waiting.
I can't hug him, but I can see his
smile. He waves with both hands,
and I wave back with all my heart.

Mama's eyes are shiny, like they're
holding little raindrops. One tear
escapes and rolls down her cheek.
But she's smiling wide—so I smile
wide too, even though my chest
feels tight.

Al otro lado de la cerca papá está
esperando. No puedo abrazarlo,
pero puedo ver su sonrisa. Él hace
señas con sus dos manos y yo le
respondo el saludo con todo mi
amor.

Los ojos de mamá brillan como
si guardaran gotitas de lluvia.
Una lágrima se escapa y rueda
por su mejilla. Pero ella sonríe
ampliamente y yo también sonrío,
aunque siento el pecho apretado.

Papa throws kisses into the air, one after another, and we reach up to catch them, pretending they're butterflies landing on our fingertips. His lips move slowly, but we can't hear his words. I close my eyes and pretend he's saying, "I love you, amor mio. We'll be together soon!"

Papá lanza besos al aire, uno tras otro, y nosotras los atrapamos y nos imaginamos que son maripositas aterrizando en las puntas de nuestros dedos. Sus labios se mueven despacio, pero no podemos escuchar sus palabras. Yo cierro mis ojos y me imagino que él está diciéndonos: «Te quiero, amor mío. ¡Pronto estaremos juntos!».

Days turn into weeks.
Weeks turn into months.
Has time forgotten about us?
One night, the Fourth of July, we
were allowed outside to watch the
fireworks—far off in the distance.

Los días se convierten en semanas.
Las semanas se convierten en
meses.
¿Acaso el tiempo se ha olvidado de
nosotros?
Una noche, durante el 4 de julio,
nos dejaron salir para ver los fuegos
artificiales, muy lejos en la distancia.

The sounds echo in my chest. Mama leans in close, her breath warm against my ear. She wraps her arms around me and whispers, "We will be free again, mi vida. I promise!"

Mama's promise feels warm inside me, like a tiny light that won't go out. We are still a family. And one day, we'll be free— together.

Las explosiones retumbaban en mi pecho. Mamá se acerca y siento su aliento cálido en mi oído. Me abraza con fuerza y susurra: —Volveremos a ser libres, mi vida. ¡Te lo prometo!

La promesa de Mamá se siente cálida dentro de mí, como una pequeña luz que nunca se apaga. Seguimos siendo una familia. Y un día, seremos libres... juntos.

The End.
El fin.
¡Hasta la próxima!

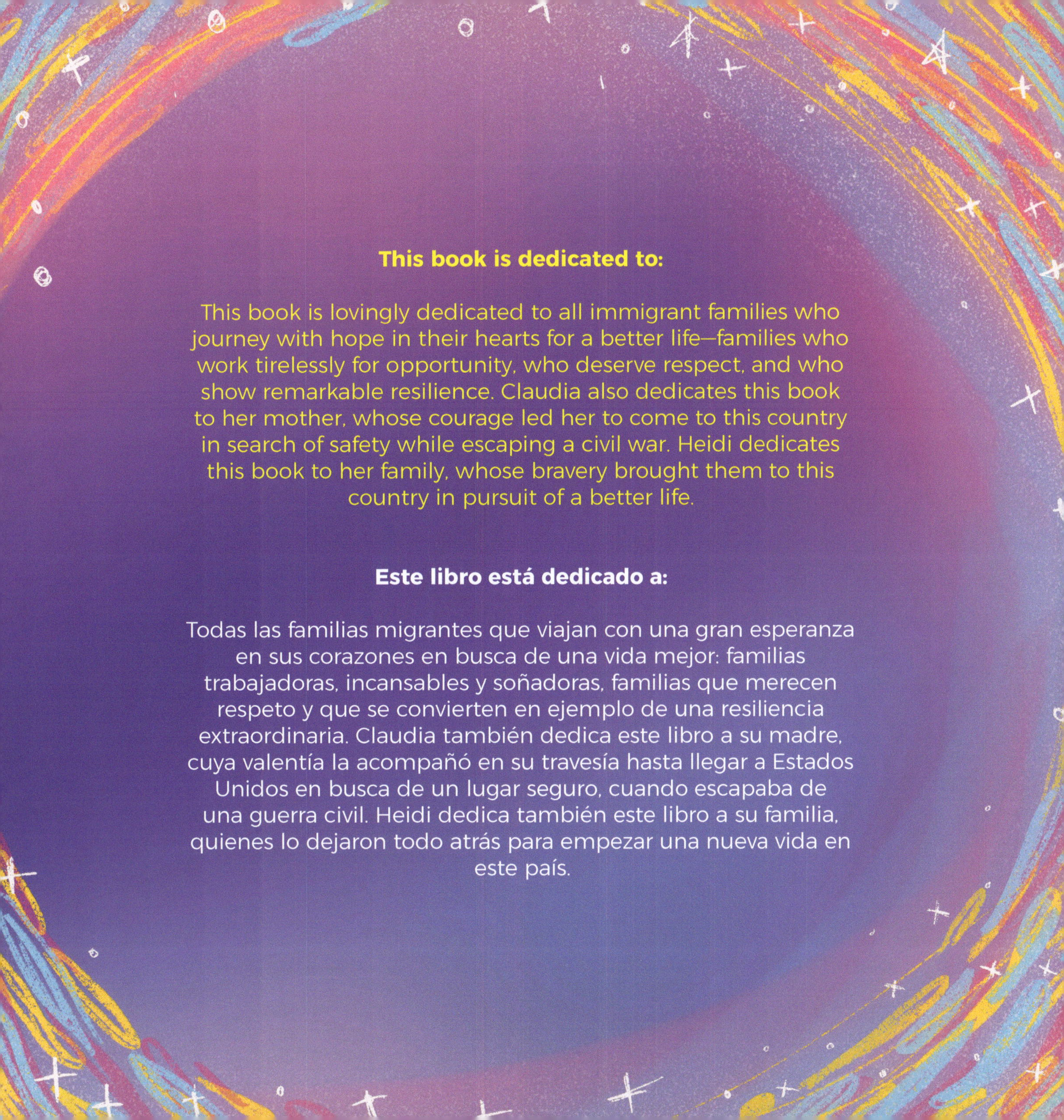

This book is dedicated to:

This book is lovingly dedicated to all immigrant families who journey with hope in their hearts for a better life—families who work tirelessly for opportunity, who deserve respect, and who show remarkable resilience. Claudia also dedicates this book to her mother, whose courage led her to come to this country in search of safety while escaping a civil war. Heidi dedicates this book to her family, whose bravery brought them to this country in pursuit of a better life.

Este libro está dedicado a:

Todas las familias migrantes que viajan con una gran esperanza en sus corazones en busca de una vida mejor: familias trabajadoras, incansables y soñadoras, familias que merecen respeto y que se convierten en ejemplo de una resiliencia extraordinaria. Claudia también dedica este libro a su madre, cuya valentía la acompañó en su travesía hasta llegar a Estados Unidos en busca de un lugar seguro, cuando escapaba de una guerra civil. Heidi dedica también este libro a su familia, quienes lo dejaron todo atrás para empezar una nueva vida en este país.

About the Authors:

Claudia Maldonado is an Early Learning specialist and an international award-winning author. She has many years of experience working with undocumented and low-income families and their young children, supporting them with sensitivity, expertise, and a strong commitment to their well-being. During her childhood and adolescent years, she lived in the United States as an undocumented immigrant; for this reason, this story is very close to her heart. Claudia is a proud immigrant who honors her roots and never forgets where she comes from. Mi lindo El Salvador!

Heidi Rose-Avalos is an early childhood educator, coach, and advocate with over 25 years of experience supporting young children, families, and educators. She has worked in the field of early childhood education in a variety of roles, partnering with teachers and leaders to create joyful, inclusive, and developmentally responsive learning environments. Heidi is passionate about the power of play, strong relationships, and honoring children's natural curiosity as the foundation for lifelong learning. Her work is grounded in both professional practice and lived experience, centering the stories, strengths, and resilience of families.

Acerca de las autoras:

Claudia Maldonado es educadora especialista en desarrollo infantil y autora reconocida internacionalmente y galardonada. Tiene muchos años de experiencia trabajando con familias indocumentadas de bajos recursos y con sus hijos pequeños, apoyándolos con sensibilidad, conocimiento y un firme compromiso por su bienestar. Durante su infancia y adolescencia vivió en Estados Unidos como inmigrante indocumentada; por esta razón, esta historia le es muy cercana al corazón. Claudia es una orgullosa inmigrante que honra sus raíces y nunca olvida de dónde viene. ¡Mi lindo El Salvador!

Heidi Rose-Avalos es educadora de la primera infancia, coach y defensora con más de 25 años de experiencia apoyando a niños pequeños, familias y educadores. Ha trabajado en el campo de la educación infantil ejerciendo diversos roles, colaborando con docentes y líderes para crear entornos de aprendizaje alegres, inclusivos y con enfoque en el desarrollo de los niños. Heidi es apasionada del poder del juego, de las relaciones sólidas y de honrar la curiosidad natural de los niños como base para el aprendizaje a lo largo de toda la vida. Su trabajo se fundamenta tanto en la práctica profesional como en la experiencia vivida, centrando las historias, fortalezas y resiliencia de las familias.

We Are Still a Family is a tender, child-centered story about love that stretches across distance, fences, and uncertainty. Told through the eyes of a young child in detention with Mama while Papa waits nearby, the story captures the quiet heartbreak of separation and the powerful comfort of family connection. Through songs, memories of home, and whispered promises of freedom, hope flickers even in the hardest moments. This moving story reminds readers that even when families are apart, love keeps them together.

Seguimos Siendo Familia es una historia tierna centrada en la mirada de la infancia y el amor que se extiende más allá de la distancia, las barreras y la incertidumbre. Contada a través de los ojos de una niña pequeña en detención con mamá y separados del padre, la historia captura el silencioso dolor del caos y el miedo y, a la vez, del poderoso consuelo de la conexión familiar. A través de canciones, recuerdos y promesas de libertad, la esperanza brilla incluso en los momentos más difíciles. Esta conmovedora historia recuerda a los lectores que aunque las familias están separadas, el amor siempre las mantendrá unidas.

www.ingramcontent.com/pod-product-compliance
Lightning Source LLC
Chambersburg PA
CBHW042024110726
48010CB00007B/223